BENITO MUSSOLINI

# LA DOCTRINE

# Du

# FASCISME

BENITO MUSSOLINI

# LA DOCTRINE

# Du

# FASCISME

Copyright
Firenze, 1938 XVI — Stab. Grafici A. Vallecchi,
Viale del Mille, 72.
Traduction par Charles Belin.

Édition française
revue et corrigée par Charles Belin.

*the Savoisien & Baglis*
© 2019
Tous droits de reproduction réservés pour tous les pays.

*Exegi monumentum ære perennius*
Un Serviteur Inutile, parmi les autres

SCAN, ORC
**JOHN DOE**
CORRECTION, MISE EN PAGE
29 Août 2019
**BAGLIS**
*in memoriam Lenculus*

*Tous droits de traduction et de reproduction réservés pour tous les pays.*
Pour la Librairie Excommuniée Numérique des CUrieux de Lire les USuels

# CHAPITRE PREMIER

## DOCTRINE POLITIQUE ET SOCIALE

### 1. *Le Fascisme comme Philosophie*

Comme toute saine conception politique, le fascisme associe la pensée à l'action. C'est une action animée par une doctrine. Cette doctrine est née d'un système donné de forces historiques, auquel elle reste intimement liée et qui reçoit d'elle son impulsion intérieure (1). Il a donc une forme correspondant aux contingences de lieu et de temps, mais il a en même temps un contenu idéal qui l'élève au rang de vérité supérieure dans l'histoire de la pensée (2).

On ne saurait agir spirituellement sur le monde, en tant que volonté humaine dominant d'autres volontés, sans une conception de la réalité passagère et particulière sur laquelle il faut agir, et de cette autre réalité permanente et universelle à laquelle la première emprunte son être et sa vie. Pour connaître les hommes il faut connaître l'homme, il faut connaître la réalité et ses lois. Il n'y a pas de conception de l'État qui ne soit dans le fond une conception de la vie. C'est une philosophie ou une intuition, un système d'idées qui se traduit dans une construction logique ou qui se résume dans une vision ou dans une foi, mais c'est toujours, au moins virtuellement, une conception organique du monde.

## 2. *Conception spiritualiste*

Aussi bien ne comprendrait-on pas le fascisme dans beaucoup de ses manifestations pratiques, soit comme organisation de parti, soit comme système d'éducation, soit comme discipline, si on ne le considérait en fonction de sa conception générale de la vie. Cette conception est spiritualiste (3). Pour le fascisme, le monde n'est pas ce monde matériel qui apparaît à la surface, où l'homme est un individu isolé de tous les autres, existant en soi et gouverné par une loi naturelle qui, instinctivement, le pousse à vivre une vie de plaisir égoïste et momentané. Dans ce qu'on appelle l'homme, le fascisme considère la nation et la patrie, les individus et les générations se trouvant unis, dans une même tradition et dans une même mission, par une loi morale qui supprime l'instinct de la vie maintenu dans le cercle étroit du plaisir, pour instaurer dans le devoir une vie supérieure, libérée des limites du temps et de l'espace : une vie où l'individu, par l'abnégation de lui-même, par le sacrifice de ses intérêts particuliers, par la mort même, réalise cette existence toute spirituelle qui fait sa valeur d'homme.

### 3. *Conception positive de la Vie comme Lutte*

Nous avons là une conception spiritualiste, née de la réaction générale du siècle présent contre le positivisme matérialiste et dégénéré du XIX$^e$ siècle. Une telle conception est antipositiviste, mais positive : ni sceptique, ni agnostique, ni pessimiste, ni passivement optimiste, comme le sont généralement les doctrines (toutes négatives) qui placent le centre de la vie en dehors de l'homme qui, par sa libre volonté, peut et doit créer son monde. Le fascisme veut que l'homme soit actif et engagé dans l'action avec toutes ses énergies : virilement conscient des difficultés réelles et prêt à les braver. Il conçoit la vie comme une lutte, il estime qu'il appartient à l'homme de conquérir une vie vraiment digne de lui, en créant, avant tout, en lui-même, l'instrument (physique, moral, intellectuel) pour la construire. Et cela est vrai pour l'individu lui-même, pour la nation et pour l'humanité (4).

D'où la haute valeur de la culture sous toutes ses formes (5) (art, religion, science) et la très grande importance de l'éducation. D'où, également, la valeur essentielle du travail, par quoi l'homme triomphe de la nature et crée le monde humain (économique, politique, moral, intellectuel).

### 4. *Conception morale*

Cette conception positive de la vie est évidemment une conception éthique. Elle englobe toute la réalité, aussi bien que l'activité humaine qui la domine. Aucune action n'échappe au jugement moral ; rien au monde ne peut être privé de la valeur qu'ont toutes choses en fonction des fins morales. La vie, par conséquent, telle que la conçoit le fasciste, est grave, austère, religieuse : elle est vécue tout entière dans un monde que soutiennent les forces morales et responsables de l'esprit. Le fasciste méprise la vie commode (6).

## 5. *Conception religieuse*

Le fascisme est une conception religieuse (7), qui considère l'homme dans son rapport sublime avec une loi supérieure, avec une Volonté objective qui dépasse l'individu comme tel et l'élève à la dignité de membre conscient d'une société spirituelle. Ceux qui, dans la politique religieuse du régime fasciste, n'ont vu qu'une question de pure opportunité, n'ont pas compris que le fascisme est non seulement un système de Gouvernement, mais encore, et avant tout, un système de pensée.

## 6. *Conception éthique et réaliste*

Le fascisme est une conception historique, dans laquelle l'homme n'est ce qu'il est, qu'en fonction du processus *spirituel* auquel il concourt, dans le groupe familial et social, dans la nation et dans l'histoire à laquelle toutes les nations collaborent. D'où la haute valeur de la tradition dans les mémoires, dans la langue, dans les mœurs, dans les lois de la vie social (8). En dehors de l'histoire, l'homme n'est rien. C'est pourquoi, le fascisme est contraire à toutes les abstractions individualistes, à base matérialiste, genre XIX$^e$ siècle ; c'est pourquoi aussi il est contraire à toutes les utopies et à toutes les innovations jacobines. Il ne croit pas à la possibilité du « bonheur » sur la terre, comme le voulait la littérature des économistes du XVIII$^e$ siècle ; aussi repousse-t-il toutes les conceptions téléologiques d'après lesquelles, à un certain moment de l'histoire, le genre humain parviendrait à un stade d'organisation définitive. Une telle doctrine est contraire à l'histoire et à la vie, qui est mouvement incessant et perpétuel devenir. Le fascisme veut, politiquement, être une doctrine réaliste ; pratiquement, il n'aspire à résoudre que les problèmes qui se posent historiquement d'eux-mêmes et qui, d'eux-mêmes, trouvent ou suggèrent leur solution (9). Pour agir sur les hommes, comme sur la nature, il faut entrer dans le cours de la réalité et se rendre maître des forces en action (10).

## 7. *Anti-individualisme et Liberté*

Anti-individualiste, la conception fasciste est pour l'État, et elle est pour l'individu, en tant que celui-ci s'harmonise avec l'État, conscience et volonté universelle de l'homme dans son existence historique (11). Elle est contre le libéralisme classique, né du besoin de réagir contre l'absolutisme et qui a terminé sa fonction historique, depuis que l'État est devenu la conscience même et la volonté même du peuple. Le libéralisme niait l'État dans l'intérêt de l'individu (12) ; le fascisme réaffirme l'État comme la véritable réalité de l'individu. Et, si la liberté doit être l'attribut de l'homme réel, et non du fantoche abstrait auquel pensait le libéralisme individualiste, le fascisme est pour la liberté. Il est pour la seule liberté qui puisse être chose sérieuse, la liberté de l'État et de l'individu dans l'État (13). En effet, pour le fasciste, tout est dans l'État, et rien d'humain ni de spirituel n'existe et *a fortiori* n'a de valeur, en dehors de l'État. En ce sens, le fascisme est totalitaire, et l'État fasciste, synthèse et unité de toute valeur, interprète, développe et domine toute la vie du peuple (14).

## 8. *Antisocialisme et Corporatisme*

Ni individus, ni groupes (15) (partis politiques, associations, syndicats, classes) en dehors de l'État. Le fascisme s'oppose donc au socialisme, qui fige le mouvement historique dans la lutte des classes et ignore l'unité de l'État qui fond les classes en une seule réalité économique et morale ; et de même, il est contre le syndicalisme de classe. Mais le fascisme veut que, dans l'orbite de l'État, les exigences réelles qui donnèrent naissance au mouvement socialiste et syndicaliste soient reconnues ; et il les fait valoir dans le système corporatif où ces intérêts s'accordent avec l'unité de l'État (16).

## 9. *Démocratie et Nation*

Les individus forment des classes, selon les catégories d'intérêts ; ils sont syndiqués selon les diverses activités économiques coïntéressées ; mais ils sont, avant tout et surtout, l'État. Celui-ci n'est ni le nombre ni la somme des individus formant la majorité d'un peuple. Le fascisme est par là opposé à la démocratie qui assimile le peuple au plus grand nombre d'individus et le rabaisse à ce niveau (17). Il est cependant la forme la plus pure de la démocratie. Du moins, si le peuple est conçu, ainsi qu'il doit l'être, sous l'aspect qualificatif et non quantitatif, s'il signifie l'idée la plus puissante parce que la plus morale, la plus cohérente, la plus vraie qui s'incarne dans le peuple comme conscience et volonté d'un petit nombre ou même d'un seul, tel un idéal qui tend à se réaliser dans la conscience et dans la volonté de tous (18) : de tous ceux qui, en vertu de la nature ou de l'histoire, forment ethniquement une nation ; suivent la même ligne de développement et de formation spirituelle, ont une seule et même conscience et une seule volonté. Il ne s'agit ni de race, ni d'une région géographique déterminée, mais d'un groupement qui se perpétue historiquement, d'une multitude unifiée par une idée qui est une volonté d'existence et de puissance : idée que nous appellerons aussi conscience de soi, ou personnalité (19).

## 10. Conception de l'État

Cette personnalité supérieure s'identifie avec la nation en tant qu'État. Ce n'est pas la nation qui crée l'État, comme dans la vieille conception naturaliste, qui servait de base aux études des publicistes des États nationaux du XIX$^e$ siècle. Au contraire, la nation est créée par l'État, qui donne au peuple, conscient de sa propre unité morale, une volonté, et par conséquent une existence effective. Le droit d'une nation à l'indépendance n'est pas fondé sur la conscience littéraire et idéale de sa propre existence, et moins encore sur une situation de fait plus ou moins inconsciente et inerte, mais sur une conscience active, sur une volonté politique agissante et prête à démontrer son droit : c'est-à-dire sur une sorte d'État déjà « *in fieri* ». L'État, en tant que volonté éthique universelle, crée le droit (20).

## 11. Un État éthique

La nation, en tant qu'État, est une réalité éthique, qui existe et vit dans la mesure où elle se développe. Pour elle, s'arrêter, c'est mourir. L'État n'est donc pas seulement une autorité qui gouverne et donne une forme légale et une valeur de vie spirituelle aux volontés individuelles ; il est aussi une puissance qui fait valoir sa volonté à l'extérieur, en la faisant reconnaître et respecter, c'est-à-dire en démontrant, par les faits, son universalité dans toutes les manifestations nécessaires de son développement. De là, une organisation et une expansion, au moins virtuelle. L'État peut ainsi être assimilé à la nature de la volonté humaine, qui ne connaît pas de limites à son développement et prouve son infinité en se réalisant (21).

## 12. *Contenu de l'État*

L'État fasciste, qui est la forme la plus élevée et la plus puissante de la personnalité, est une force mais une force spirituelle, une force qui résume toutes les formes de la vie morale et intellectuelle de l'homme. On ne peut donc pas le limiter à de pures fonctions d'ordre et de protection, comme le voulait le libéralisme. Ce n'est pas un simple mécanisme qui limite la sphère des soi-disant libertés individuelles. C'est une forme, une règle intérieure et une discipline de l'être tout entier : elle pénètre, la volonté comme l'intelligence. Son principe — inspiration centrale de la personnalité humaine vivant en communauté civile — pénètre au plus intime de l'individu et dans le cœur de l'homme d'action comme du penseur, de l'artiste comme du savant : c'est l'âme de l'âme (22).

## 13. L'Autorité

Au total, le fascisme n'est pas seulement législateur et fondateur d'institutions ; il est aussi éducateur et promoteur de vie spirituelle. Il veut refaire non pas les formes de la vie humaine, mais son contenu : l'homme, le caractère, la foi. Et à cette fin, il veut une discipline et une autorité qui pénètrent dans les esprits et y règnent sans partage. C'est pourquoi son insigne est le « faisceau des licteurs », symbole de l'unité, de la force et de la justice.

CHAPITRE DEUXIÈME

# IDÉES FONDAMENTALES

### 1. Origine de la Doctrine

« Quand, en ce lointain mois de mars 1919, je convoquai à Milan, des colonnes du *Popolo d'Italia*, les survivants de l'« intervention » qui m'avaient suivi, depuis la constitution des Faisceaux d'action révolutionnaire — survenue en janvier 1915 —, aucun plan doctrinal spécifique n'existait dans mon esprit. J'apportais l'expérience vécue d'une seule doctrine : celle du socialisme, de 1903–04 jusqu'à l'hiver de 1914, c'est-à-dire d'une dizaine d'années environ. Expérience de partisan et de chef, et non expérience de doctrine. Ma doctrine, même à cette époque, avait été la doctrine de l'action. Une doctrine unique, universellement acceptée, du socialisme n'existait plus depuis 1905, lorsque commença, en Allemagne, le mouvement révisionniste dirigé par Bernstein, et lorsque, par contre, se forma dans le jeu alternatif des tendances, un mouvement de gauche révolutionnaire qui, en Italie, ne sortit jamais du domaine des phrases, tandis que, pour le socialisme russe, ce fut un prélude du bolchévisme. Réformisme, révolutionnarisme, centrisme, les échos mêmes de cette terminologie sont éteints tandis que, dans le grand fleuve du fascisme, vous trouverez les courants de Sorel, de Péguy, du Lagardelle du *Mouvement socialiste* et de la cohorte des syndicalistes italiens qui, de 1904 à 1914, portèrent une note de nouveauté dans les milieux socialistes de notre pays, déjà émasculés et chloroformés par la fornication giolittienne, avec les : *Pages libres* d'Olivetti, *La Louve* d'Orano, *le Devenir social* d'Enrico Leone.

En 1919, la guerre terminée, le socialisme n'existait déjà plus comme doctrine : il n'existait qu'à l'état de rancœur et n'avait plus qu'une seule possibilité, surtout en Italie : les représailles contre ceux qui avaient voulu la guerre et devaient l'« expier ». Le *Popolo d'Italia* portait le sous-titre de « quotidien des combattants et des producteurs ». Le mot « producteurs » était déjà l'expression d'une directive spirituelle. Le fascisme ne fut pas le fruit d'une doctrine déjà élaborée en chambre : il naquit d'un besoin d'action et fut une action ; ce ne fut pas un parti mais, pendant les deux premières années, un antiparti et un mouvement. Le nom que je donnai à l'organisation, en fixait les caractéristiques. D'ailleurs, ceux qui reliront, dans les feuilles maintenant fanées de cette époque, le compte-rendu de l'assemblée de constitution des Faisceaux italiens de combat, ne trouveront pas une doctrine, mais une série d'esquisses, d'anticipations et d'allusions qui, libérées de la gangue inévitable des contingences, devaient ensuite, après plusieurs années, se développer en une série de positions doctrinales qui firent du fascisme une doctrine politique bien déterminée par rapport à toutes les autres doctrines passées ou contemporaines. « Si la bourgeoisie, disais-je alors, croit trouver en nous des paratonnerres, elle se trompe.

Nous devons aller au-devant du travail... Nous voulons habituer les classes ouvrières à être capables de diriger, ne fût-ce que pour les convaincre qu'il n'est pas facile de faire marcher une industrie ou un commerce. Nous combattrons le « rétrogradisme » technique et spirituel... Si la succession du régime s'ouvre, nous ne devons pas être pris au dépourvu. Nous devons courir ; et, si le régime disparaît, c'est nous qui devrons prendre sa place. Le droit de succession nous appartient, parce que c'est nous qui avons poussé le pays à la guerre et l'avons conduit à la victoire. La représentation politique actuelle ne peut nous suffire, nous voulons une représentation directe de tous les intérêts... On pourrait objecter à ce programme que nous revenons aux corporations. Qu'importe ! Je voudrais donc que l'assemblée acceptât les revendications du syndicalisme national au point de vue économique... »

N'est-il pas singulier que, dès la première journée, de la Place San Sepolcro, retentisse le mot « corporation », qui devait, au cours de la Révolution, signifier une des créations législatives et sociales fondamentales du Régime ?

## 2. Développement

Les années qui précédèrent la marche sur Rome furent des années pendant lesquelles les nécessités de l'action ne permettaient ni des recherches, ni des élaborations doctrinales complètes. On bataillait dans les villes et dans les villages. On discutait, mais — ce qui était plus sacré et plus important — on mourait. On savait mourir. La doctrine — toute faite, divisée en chapitres et en paragraphes avec assaisonnement d'élucubrations — pouvait manquer ; mais, pour y suppléer, il y avait quelque chose de plus décisif : la foi. Toutefois, ceux dont la mémoire puise dans les livres, les articles, les votes des Congrès, les discours grands et petits, ceux qui savent chercher et choisir verront que les fondements de la doctrine furent jetés alors que la bataille faisait rage. C'est précisément au cours de ces années que la pensée fasciste s'arme, s'affine, s'organise. Les problèmes de l'individu et de l'État, les problèmes de l'autorité et de la liberté, les problèmes politiques et sociaux et ceux plus spécifiquement nationaux, la lutte contre les doctrines libérales, démocratiques, socialistes, maçonniques, contre celles du parti catholique populaire, furent menés en même temps que « les expéditions punitives ». Mais, comme le « système » manquait, les adversaires du fascisme lui nièrent, en mauvaise foi, toute capacité de doctrine, alors que la doctrine naissait, tumultueusement il est vrai, tout d'abord sous l'aspect d'une négation violente et dogmatique — comme il arrive pour toutes les idées qui commencent, — puis sous l'aspect positif d'une construction, qui trouvait, successivement au cours des années 1926–27 et 28, sa réalisation dans les lois et dans les institutions du Régime.

Le fascisme est aujourd'hui individualisé, non seulement comme régime, mais aussi comme doctrine. Ce mot doit être interprété dans le sens qu'aujourd'hui le fascisme exerce sa critique sur lui-même et sur les autres, à son point de vue propre et distinct quant aux principes — et par conséquent quant à ses directives —, pour tous les peuples du monde.

### 3. *Contre le Pacifisme : la Guerre et la Vie comme Devoir*

Avant tout, le fascisme, en ce qui concerne, d'une manière générale, l'avenir et le développement de l'humanité — et abstraction faite, de toute considération de politique actuelle — ne croit ni à la possibilité ni à l'utilité de la paix perpétuelle. Il repousse le pacifisme, qui cache une fuite devant la lutte et une lâcheté devant le sacrifice. La guerre, seule, porte au maximum de tension toutes les énergies humaines et imprime une marque de noblesse aux peuples qui ont le courage de l'affronter. Toutes les autres épreuves ne sont que secondaires et ne placent jamais l'homme en face de lui-même, dans l'alternative de la vie et de la mort. Par conséquent, une doctrine, basée sur le postulat de la paix, n'est pas plus conforme au fascisme, que ne le sont à l'esprit du fascisme, — même si elles sont acceptées pour la part restreinte d'utilité qu'elles peuvent avoir dans des situations politiques déterminées — toutes les constructions internationales qui — l'histoire le démontre — sont emportées par le vent, quand le sentiment, l'idéal ou l'intérêt suscitent la tempête dans le cœur des individus. L'orgueilleuse devise des formations d'assaut : « *Me ne frego* » (Je m'en fous), écrite sur le pansement d'une blessure, n'est pas seulement une profession de philosophie stoïque et le résumé d'une doctrine purement politique : c'est l'entraînement à la lutte, l'acceptation des risques qu'elle comporte ; c'est un style nouveau de vie italienne. C'est pourquoi le fascisme accepte et aime la vie, ignore le suicide et y voit une lâcheté ; c'est pourquoi il comprend la vie comme un devoir, une élévation, une conquête : la vie doit être haute et pleine : vécue pour elle-même, mais surtout pour les autres, proches et lointains, présents et futurs.

### 4. *La Politique démographique et notre « Prochain »*

La politique « démographique » du Régime est la Conséquence de ces prémisses. Le fasciste aime son « prochain », mais ce « prochain » n'est pas pour lui une idée vague et insaisissable : l'amour du « prochain » ne supprime ni les sévérités éducatrices nécessaires ni, à plus forte raison, les distinctions et les distances. Le fasciste repousse les embrassements universels et, tout en vivant dans la communauté des peuples civilisés, les regarde dans les yeux avec attention et défiance, les suit dans leurs états d'âme et dans l'évolution de leurs intérêts ; il ne se laisse pas duper par des apparences changeantes et trompeuses.

## 5. *Contre le Matérialisme historique et la Lutte de Classes*

Une telle conception de la vie fait du fascisme la négation absolue de cette doctrine, qui constituait la base du socialisme pseudoscientifique ou marxiste : la doctrine du matérialisme historique, selon lequel l'histoire de la civilisation humaine ne s'expliquerait que par les luttes d'intérêts entre les différents groupes sociaux et par la transformation des moyens et instruments de production. Personne ne songe à nier que les faits économiques — découvertes de matières premières, nouvelles méthodes de travail, inventions scientifiques — aient leur importance. Mais prétendre qu'ils suffisent à expliquer l'histoire humaine, à l'exclusion de tous les autres facteurs, est une absurdité : le fascisme croit encore et toujours à la sainteté et à l'héroïsme, c'est-à-dire aux actions dans lesquelles n'agit aucun motif économique, proche ou lointain. La négation du matérialisme historique, d'après lequel les hommes ne seraient dans l'histoire que des figurants qui apparaissent et disparaissent à la surface alors que, dans les profondeurs, s'agitent et travaillent les véritables forces directrices, conduit à la négation de la lutte des classes permanente, et inéluctable, conséquence naturelle de cette conception économique de l'histoire, et surtout à la négation de la lutte des classes considérée comme facteur prépondérant des transformations sociales. Une fois qu'on a frappé le socialisme dans ces deux principes fondamentaux de sa doctrine, il n'en reste plus que l'aspiration sentimentale — vieille comme l'humanité — à un régime social, dans lequel doivent être soulagées les souffrances et les douleurs des plus humbles. Mais ici, le fascisme repousse l'idée du « bonheur » économique, qui se réaliserait socialement et presque automatiquement à un moment donné de l'évolution de l'économie, en assurant à tous le maximum de bien-être. Le fascisme rejette la conception matérialiste d'un « bonheur » possible et l'abandonne aux économistes de la première moitié du XVIII$^e$ siècle ; et il nie par suite l'équation bien-être = bonheur, qui transformerait les hommes en animaux ne pensant qu'à une seule chose : être nourris et engraissés, c'est-à-dire réduits à une vie purement et simplement végétative.

## 6. *Contre les idéologies démocratiques*

Après le socialisme, le fascisme bat en brèche tout l'ensemble des idéologies démocratiques et les repousse, tant dans leurs prémisses théoriques que dans leurs applications pratiques. Le fascisme nie que le nombre, par le seul fait d'être le nombre, puisse diriger la société humaine ; il nie que ce nombre puisse gouverner au moyen d'une consultation périodique ; il affirme l'inégalité irrémédiable, féconde et bienfaisante des hommes, qui ne peuvent devenir égaux par un fait mécanique et extrinsèque tel que le suffrage universel. On peut définir ainsi les régimes démocratiques : ceux dans lesquels on donne de temps en temps au peuple l'illusion d'être souverain, alors que la souveraineté véritable et effective réside en d'autres forces, parfois irresponsables et secrètes. La démocratie est un régime sans roi, mais avec de très nombreux rois parfois plus exclusifs, plus tyranniques et plus ruineux qu'un seul roi qui serait un tyran. Cela explique pourquoi le fascisme, tout en ayant, avant 1922 — pour des raisons de contingence — manifesté des tendances républicaines, y a renoncé avant la marche sur Rome, convaincu que la question des formes politiques d'un État n'est pas, aujourd'hui, essentielle, et que l'étude des monarchies passées et présentes, des républiques passées et présentes, démontre que monarchie et république ne doivent pas être jugées « *sub specie œternitatis* » mais représentent des formes dans lesquelles se manifestent l'évolution politique, l'histoire, la tradition, la psychologie d'un pays déterminé. Or, le fascisme s'élève au-dessus de l'antithèse monarchie-république, sur laquelle la démocratie s'est attardée, en chargeant la première de toutes les insuffisances et en présentant la seconde comme un régime de perfection, alors qu'on a vu des républiques profondément réactionnaires et absolutistes, et des monarchies admettant les expériences politiques et sociales les plus hardies.

## 7. *Les Mensonges de la Démocratie*

« La raison, la science — disait Renan (qui eut des éclairs pré-fascistes) dans un de ses Dialogues philosophiques — sont des produits de l'humanité ; mais vouloir la raison directement pour le peuple et par le peuple est chimérique. Il n'est pas nécessaire, pour la pleine existence de la raison, que le monde entier la perçoive. En tout cas, une telle initiation, si elle devait se faire, ne se ferait pas par la basse démocratie, laquelle semble devoir amener au contraire l'extinction de toute culture difficile et de toute haute discipline... Le principe que la société n'existe que pour le bien-être et la liberté des individus qui la composent ne paraît pas conforme aux plans de la nature, plans où l'espèce seule est prise en considération et où l'individu semble sacrifié. Il est fort à craindre que le dernier mot de la démocratie ainsi entendue (je me hâte de dire qu'on peut l'entendre autrement) ne soit un état social où une masse dégénérée n'aurait d'autre souci que de goûter les plaisirs ignobles de l'homme vulgaire ».

Ainsi parle Renan. Le fascisme repousse, dans la démocratie, l'absurde mensonge conventionnel de l'égalité politique, l'esprit d'irresponsabilité collective et le mythe du bonheur et du progrès indéfini. Mais, si la démocratie peut être entendue différemment, c'est-à-dire si démocratie signifie ne pas refouler le peuple en marge de l'État, le fascisme à pu être défini par l'auteur de ce livre « démocratie organisée, centralisée, autoritaire ».

## 8. *Contre les Doctrines libérales*

Vis-à-vis des doctrines libérales, le fascisme est dans un état d'opposition absolue, et dans le domaine politique et dans le domaine économique. Il ne faut pas exagérer — pour de simples raisons de polémique actuelle — l'importance du libéralisme au siècle dernier, et, alors qu'il ne fut qu'une des nombreuses doctrines écloses en ce siècle, en faire une religion de l'humanité pour tous les temps présents et futurs. Le libéralisme n'eut que quinze ans de faveur. Il naquit en 1830, par réaction contre la Sainte Alliance qui voulait ramener l'Europe au régime antérieur à 1789, et il eut son année de splendeur en 1848, quand Pie IX lui-même fut libéral. Aussitôt après, commença la décadence. Si 1848 fut une année de lumière et de poésie, 1849 fut une année de ténèbres et de tragédie. La république romaine fut tuée par une autre république, la république française. La même année, Marx lançait l'évangile de la religion socialiste, dans son fameux Manifeste des Communistes. En 1851, Napoléon III fait son coup d'État antilibéral et règne sur la France jusqu'en 1870. Il fut renversé par un mouvement populaire, à la suite d'une des plus grandes défaites militaires qu'enregistre l'histoire. Le vainqueur fut Bismarck, qui ignora toujours la religion de la liberté et ses prophètes. Il est symptomatique qu'un peuple de haute civilisation, comme le peuple allemand, ait complètement ignoré, pendant tout le XIXᵉ siècle, la religion de la liberté. Il n'y eut qu'une parenthèse, représentée par ce qui a été nommé « le ridicule parlement de Francfort », qui dura une saison. L'Allemagne a réalisé son unité nationale en dehors du libéralisme, contre le libéralisme, doctrine qui semble étrangère à l'esprit allemand, esprit essentiellement monarchique, alors que le libéralisme est l'antichambre historique et logique de l'anarchie. Les étapes de l'unité allemande sont les trois guerres de 1864, de 1866, et de 1870, conduites par des « libéraux » comme Moltke et Bismarck. Quant à l'unité italienne, le libéralisme y a eu une part inférieure à l'apport de Mazzini et de Garibaldi, qui n'étaient pas libéraux. Sans l'intervention de l'antilibéral Napoléon, nous n'aurions pas eu la Lombardie, et, sans l'aide de l'antilibéral Bismarck à Sadowa et à Sedan, il est très probable que nous n'aurions pas eu Venise en 1866 et qu'en 1870 nous ne serions pas entrés dans Rome. Pendant la période 1870-1915, les prêtres même du nouveau *Credo* accusent le crépuscule de leur religion : elle est battue en brèche, en littérature, par le décadentisme et, dans la pratique, par l'activisme. Activisme : c'est-à-dire nationalisme, futurisme, fascisme. Le siècle « libéral », après avoir accumulé une infinité de nœuds gordiens, cherche à les défaire par l'hécatombe de la guerre mondiale. Mais aucune religion n'impose un sacrifice si terrible. Les dieux du libéralisme avaient-ils soif de sang ? Maintenant, le libéralisme est sur le point de fermer les portes de ses temples déserts, car les peuples sentent que son agnosticisme en matière économique, son indifférentisme en matière politique et morale amèneraient, comme cela s'est déjà produit, une ruine certaine des États. C'est pourquoi toutes les expériences politiques du monde contemporain sont antilibérales et il est suprêmement ridicule de vouloir les classer hors de l'histoire ; comme si l'histoire était une chasse réservée au libéralisme et aux professeurs, comme si le libéralisme était le mot suprême et incomparable de la civilisation.

### 9. LE FASCISME NE REVIENT PAS EN ARRIÈRE

Les négations fascistes du socialisme, de la démocratie, du libéralisme, ne doivent cependant pas faire croire que le fascisme entend ramener le monde à ce qu'il était avant 1789, date qui est considérée comme l'année d'inauguration du siècle démo-libéral. On ne revient pas en arrière. La doctrine fasciste n'a pas choisi de Maistre pour prophète. L'absolutisme monarchique a fait son temps, au même titre que l'ecclésiolâtrie, que les privilèges féodaux ou les castes fermées à cloisons étanches. L'idée fasciste d'autorité n'a rien à voir avec l'État policier. Un parti qui gouverne une nation « totalitairement » est un fait nouveau dans l'histoire. Les rapprochements et les comparaisons sont impossibles. Des décombres des doctrines libérales, socialistes, démocratiques, le fascisme extrait les éléments qui ont encore une valeur vitale. Il conserve ce que l'on pourrait appeler les faits acquis de l'histoire, et il rejette tout le reste, c'est-à-dire la conception d'une doctrine bonne pour tous les temps et pour tous les peuples. En admettant que le XIX$^e$ siècle ait été le siècle du socialisme, du libéralisme, de la démocratie, il n'est pas dit que le XX$^e$ siècle doive être également le siècle du socialisme, du libéralisme et de la démocratie. Les doctrines politiques passent, les peuples restent. On peut penser que le siècle actuel est le siècle de l'autorité, de « droite », un siècle fasciste ; et que, si le XIX$^e$ siècle a été le siècle de l'individu (libéralisme signifie individualisme), on peut penser que le siècle actuel est le siècle « collectif », et par conséquent, le siècle de l'État. Il est parfaitement logique qu'une nouvelle doctrine puisse utiliser les éléments encore vitaux d'autres doctrines. Aucune doctrine ne peut prétendre à une « originalité » absolue. Elle est liée, ne fût-ce qu'historiquement, aux autres doctrines passées, aux autres doctrines à venir. C'est ainsi que le socialisme de Marx est lié au socialisme utopiste des Fourier, des Owen, des Saint-Simon ; c'est ainsi que le libéralisme du XIX$^e$ siècle se rattache à tout le mouvement des illuminés du XVIII$^e$ siècle et que les doctrines démocratiques sont liées à l'Encyclopédie. Toute doctrine tend à diriger l'activité des hommes vers un objectif déterminé ; mais l'activité des hommes réagit sur la doctrine, la transforme, l'adapte aux nécessités nouvelles ou la dépasse. La doctrine elle-même doit donc être non un exercice verbal, mais un acte de vie. De là, le caractère pragmatique du fascisme, sa volonté de puissance, sa volonté d'exister, sa position à l'égard du fait « violence » et de sa valeur.

### 10. *Valeur et Mission de l'État*

Le principe essentiel de la doctrine fasciste est la conception de l'État, de son essence, de son rôle, de ses fins. Pour le fascisme, l'État est l'absolu devant lequel les individus et les groupes ne sont que le relatif. Individus et groupes ne sont concevables que dans l'État. L'État libéral ne dirige pas le jeu et le développement matériel et spirituel des collectivités, mais se limite à enregistrer les résultats. L'État fasciste est conscient, il a une volonté et c'est pourquoi il est qualifié d'État « éthique ». En 1929, je disais à la première assemblée quinquennale du Régime : « Pour le fascisme, l'État n'est pas le veilleur de nuit qui ne s'occupe que de la sécurité personnelle des citoyens. Ce n'est pas mon plus une organisation à fins purement matérielles, comme celle de garantir un certain bien-être et des rapports sociaux relativement pacifiques, auquel cas un Conseil d'Administration suffirait. Ce n'est pas non plus une création de politique pure ; sans contacts avec la réalité matérielle et complexe de la vie des individus et de celle des peuples. L'État, tel que le fascisme le conçoit et le réalise, est un fait spirituel et moral, car il concrète l'organisation politique, juridique et économique de la nation, et cette organisation, dans sa genèse et dans son développement, est une manifestation de l'esprit. L'État est le garant de la sécurité intérieure et extérieure, mais il est aussi le gardien et le transmetteur de l'esprit du peuple, tel qu'il s'est formé au cours des siècles dans la langue, dans les coutumes et dans la foi. L'État n'est pas seulement le présent, mais aussi le passé et surtout l'avenir. C'est l'État qui, dépassant les étroites limites des vies individuelles, représente la conscience immanente de la nation. Les formes sous lesquelles se manifestent les États changent, mais la nécessité demeure. C'est l'État qui forme les individus aux vertus civiques, les rend conscients de leur mission, les amène à l'unité ; il harmonise leurs intérêts dans la justice ; il transmet les conquêtes de la pensée dans le domaine des sciences, des arts, du droit et de la solidarité humaine ; il élève les hommes de la vie élémentaire de la tribu à la plus haute expression humaine de puissance, qui est l'empire ; il transmet à travers les siècles le nom de ceux qui moururent pour son intégrité ou pour obéir à ses lois ; il donne en exemple et recommande aux générations futures les capitaines qui ont accru son territoire et les génies qui l'ont auréolé de gloire. Quand le sens de l'État s'affaiblit et que prévalent les tendances dissolvantes et centrifuges des individus ou des groupes, les nations marchent à leur déclin.

## 11. L'Unité de l'État et les contradictions du Capitalisme

Depuis 1919, l'évolution économique et politique universelle a encore renforcé cette position doctrinale. L'État est devenu un géant. C'est l'État qui peut résoudre les contradictions dramatiques du capitalisme. Ce qu'on appelle la crise ne peut être résolu que par l'État et dans l'État. Où sont les ombres des Jules Simon qui, à l'aube du libéralisme, proclamaient que l' « État doit travailler à se rendre inutile et à préparer sa démission » ? Où sont les ombres des Mac Culloch qui, dans la seconde moitié du siècle dernier, affirmaient que l'État doit se garder de trop gouverner ? Et que diraient, en présence des interventions continuelles, sollicitées et inévitables de l'État dans les affaires économiques, l'Anglais Bentham, selon lequel l'industrie n'aurait dû demander à l'État que de lui laisser la paix, ou l'Allemand Humboldt, d'après lequel l'État « oisif » doit être considéré comme le meilleur ? Il est vrai que la seconde génération des économistes libéraux fut moins extrémiste que la première et que Smith lui-même ouvrait la porte — bien que prudemment — aux interventions de l'État dans le domaine économique.

Si libéralisme veut dire individu, le fascisme signifie État. Mais l'État fasciste est unique et c'est une création originale. Il n'est pas réactionnaire, mais révolutionnaire, en ce sens qu'il devance la solution de certains problèmes universels, posés d'ailleurs, — dans le domaine politique — par le fractionnement des partis, par les abus de pouvoir du parlementarisme, par l'irresponsabilité des Assemblées ; — dans le domaine économique — par les fonctions syndicales toujours plus nombreuses et plus puissantes, tant du côté ouvrier que du côté patronal, à la fois par leurs conflits et leurs ententes ; — dans le domaine moral — par la nécessité de l'ordre, de la discipline, de l'obéissance aux règles morales de la patrie.

Le fascisme veut que l'État soit fort, organisé et qu'il repose en même temps sur une large base populaire. L'État fasciste a également revendiqué pour lui le domaine de l'économie ; et par les institutions corporatives, sociales, éducatives, qu'il a créées, le sens de l'État arrive jusqu'aux ramifications extrêmes du pays et, dans l'État, circulent, encadrées dans leurs organisations respectives, toutes les forces politiques, économiques et spirituelles de la nation. Un État qui s'appuie sur des millions d'individus qui le reconnaissent, le sentent et sont prêts à le servir, n'est pas l'État tyrannique du seigneur du Moyen-Âge. Il n'a rien de commun avec les États absolutistes d'avant ou d'après 1789. L'individu dans l'État fasciste n'est pas annulé, mais bien plutôt multiplié, de même que dans un régiment un soldat n'est pas diminué, mais multiplié par le nombre de ses compagnons d'armes. L'État fasciste organise la nation, mais il laisse cependant aux individus une marge suffisante ; il a limité les libertés inutiles ou nuisibles, mais il a conservé les libertés essentielles.

Dans ce domaine, l'État seul, est juge et non l'individu.

### 12. L'ÉTAT FASCISTE ET LA RELIGION

L'État fasciste ne reste indifférent ni en face du fait religieux en général, ni en face de cette religion positive particulière qu'est le catholicisme italien. L'État n'a pas une théologie, mais il a une morale. Dans L'État fasciste, la religion est considérée comme une des manifestations les plus profondes de l'esprit et, en conséquence, elle est non seulement respectée mais aussi défendue et protégée. L'État fasciste ne se crée pas un « Dieu » particulier comme Robespierre a voulu le faire, un jour, dans l'extrême délire de la Convention ; il ne cherche pas non plus vainement à l'effacer des âmes, ainsi que le bolchevisme. Le fascisme respecte le Dieu des ascètes, des saints, des héros et même le Dieu que voit et prie le cœur ingénu et primitif du peuple.

### 13. *EMPIRE ET DISCIPLINE.*

L'État fasciste est une volonté de puissance et de domination. La tradition romaine est ici une idée de force. Dans la doctrine du fascisme, l'empire n'est pas seulement une expression territoriale, militaire ou marchande, mais spirituelle et morale. On peut concevoir un empire, c'est-à-dire une nation qui, directement ou indirectement, guide d'autres nations, sans que la conquête d'un kilomètre carré de territoire soit nécessaire. Pour le fascisme, l'aspiration à l'empire, c'est-à-dire à l'expansion des nations, est une manifestation de vitalité : son contraire, l'esprit casanier, est un signe de décadence. Les peuples qui naissent ou ressuscitent sont impérialistes, les peuples qui meurent sont des renonciateurs. Le fascisme est la doctrine la plus apte à représenter les tendances, les états d'âme d'un peuple qui, comme le peuple italien, ressuscite après de longs siècles d'abandon ou de servitude étrangère. Mais l'empire exige la discipline, la coordination des efforts, le devoir et le sacrifice. Et cela explique de nombreux aspects de l'action pratique du Régime : la direction imprimée aux forces multiples de l'État et la sévérité nécessaire contre ceux qui voudraient s'opposer à ce mouvement spontané et fatal de l'Italie du XX$^e$ siècle, et s'y opposer en agitant les idéologies périmées du XIX$^e$ siècle, idéologies répudiées partout où l'on a osé de grandes expériences de transformation politique et sociale. En ce moment plus que jamais les peuples ont soif d'autorité, de direction et d'ordre. Si chaque siècle a sa doctrine, mille indices montrent que celle du siècle présent est le fascisme. Le fascisme est une doctrine de vie, car il a suscité une foi ; et cette foi a conquis les âmes, car le fascisme a eu ses morts et ses martyrs.

Le fascisme a désormais, dans le monde entier, l'universalité qu'ont toutes les doctrines qui, en se réalisant, représentent une époque dans l'histoire de l'esprit humain.

Les actions valeureuses accomplies par les officiers et les soldats de l'armée italienne sur les fronts terrestres sont de nature à rendre la Nation fière d'eux.

Mussolini

## NOTES RELATIVES

# AU PREMIER CHAPITRE

Extraits de publications antérieures
à l'exposé de la doctrine du Fascisme.

### *1. Le Fascisme comme Philosophie*

1). *« Maintenant, le fascisme italien, sous peine de mourir ou, pis encore, de se suicider, doit se donner un « corps de doctrine ». Ce ne sera pas et ce ne doit pas être une tunique de Nessus qui nous lie pour l'éternité, car le lendemain est mystérieux et imprévu ; mais ce doit être une règle qui oriente notre activité politique et individuelle de chaque jour.*

*« Moi-même qui les ai dictées, je suis le premier à reconnaître que les tables modestes de ce programme — orientations théoriques et pratiques du fascisme — doivent être revues, corrigées, augmentées, développées, car elles ont, çà et là, subi les injures du temps. Je crois que leur base essentielle est toujours dans les postulats qui, pendant deux ans, ont servi de signe de ralliement aux troupes du fascisme italien, mais tout en partant de cette conception primitive, il est temps de procéder à une nouvelle et plus vaste élaboration de ce programme.*

## Benito Mussolini

« *À ce travail, vital pour le fascisme, devraient collaborer tous les fascistes d'Italie et spécialement ceux des régions où — avec ou sans accords — on est parvenu à une coexistence pacifique des deux mouvements antagonistes.*

« *Le mot est un peu fort, mais je voudrais que, dans les deux mois qui nous séparent de l'Assemblée nationale, fût créée la philosophie du fascisme. Milan, avec sa première école de propagande et de culture, concourt à cette œuvre.*

« *Il ne s'agit pas seulement de préparer les éléments d'un programme qui servira de base solide à l'organisation du parti auquel doit fatalement aboutir le mouvement fasciste, il s'agit aussi de détruire la fable stupide d'après laquelle il n'y aurait que des violents dans le fascisme, alors qu'en réalité il y a aussi des esprits inquiets et méditatifs.*

« *Cette direction nouvelle de l'activité fasciste ne diminue pas, j'en suis très certain, ce magnifique esprit et ce tempérament de combativité, qui sont la caractéristique particulière du fascisme. Meubler le cerveau de doctrines et de convictions solides ne signifie pas désarmer l'action, mais la fortifier et la rendre toujours plus consciente. Les soldats qui se battent en connaissance de cause sont toujours les meilleurs. Le fascisme peut prendre pour devise le binôme de Mazzini* : « Pensée et Action » (*Lettre à M. Bianchi,* 27 août 1921, à l'occasion de l'ouverture de l'École de propagande et de culture fascistes à Milan ; dans : *Messages et Proclamations* (Messaggi e proclami). Milan, Libr. d'Italie, 1929, p. 39).

« *Il faut mettre les fascistes en contact les uns avec les autres et faire en sorte que leur activité soit aussi une activité de doctrine, une activité d'esprit et de pensée...*

*« Si nos adversaires avaient assisté à notre réunion, ils se seraient convaincus que le fascisme n'est pas seulement action, mais aussi pensée »*. (Au Conseil national du Parti fasciste, 3 août 1924, dans le vol. *La Nuova politica d'Italia*, IVᵉ édition, Milan, Alpes, 1928, pages 316-317).

2). *« Aujourd'hui, j'affirme que le fascisme considéré comme idée, doctrine, réalisation, est universel : italien dans ses institutions particulières, il est universel dans son esprit et il ne saurait en être autrement. L'esprit, par sa nature même, est universel. On peut donc prévoir une Europe fasciste, une Europe qui s'inspire, dans ses institutions, des doctrines, de la pratique du fascisme, c'est-à-dire une Europe qui résolve dans un sens fasciste le problème de l'État moderne, de l'État du XXᵉ siècle, bien différent des États qui existaient avant 1789 ou qui se formèrent ensuite. Le fascisme répond aujourd'hui à des exigences de caractère universel. Il résout en effet le triple problème des rapports entre l'État et l'individu, entre l'État et les groupements, entre des groupements quelconques et des groupements organisés »*. (*Message pour l'An IX*, aux Directoires Fédéraux réunis au Palais de Venise, 27 octobre 1930, dans *Scritti e Discorsi dal 1929 al 1931*, Milan, Hoepli, 1934, p. 223).

## 2. Conception spiritualiste

3). *« Ce processus politique est accompagné d'un processus philosophique. S'il est vrai que la matière est restée pendant un siècle sur les autels, aujourd'hui c'est l'esprit qui prend sa place. C'est pourquoi toutes les manifestations qui sont les propres de l'esprit démocratique sont rejetées : le laisser-aller, l'improvisation, le défaut du sentiment de responsabilité personnelle, l'exaltation du nombre et de cette mystérieuse divinité qu'on appelle « peuple » ; toutes les créations de l'esprit, à commencer par les créations religieuses, sont placées au premier plan et personne n'ose plus s'attarder sur les positions de cet anticléricalisme, qui fut pendant des dizaines et des dizaines d'années, dans le monde occidental, l'occupation préférée de la démocratie.*

*« Quand on dit que Dieu revient, on veut affirmer que les valeurs de l'esprit reviennent »*. (*Da che parte va il mondo* dans *Gerarchia* a. I, 1922, n° 3 ; dans *Scritti e Discorsi*, vol. II : *La Rivoluzione fascista*, Milan, Hoepli, 1934, p. 257).

*« Il y a une zone qui est moins réservée à la recherche qu'à la méditation des fins suprêmes de la vie. Par conséquent, la science part de l'expérience, mais aboutit fatalement à la philosophie, et, à mon avis, seule la philosophie peut illuminer la science et la conduire à l'idée universelle »* (Au Congrès des Sciences de Bologne, 31 octobre 1926, dans *Scritti e Discorsi dal 1925 al 1926*, Milan, Hoepli, 1934, p. 461).

*« Pour être compris, le mouvement fasciste doit être considéré dans toute son ampleur et toute sa profondeur de phénomène spirituel. Ses manifestations pratiques ont été des plus puissantes et des plus décisives, mais il ne faudrait pas que se bornât à elles toute notre attention. En effet, le fascisme italien n'a pas été seulement une révolte politique contre les gouvernements faibles et incapables qui avaient laissé tomber en décadence l'autorité de l'État et menaçaient d'arrêter l'Italie sur la voie de son développement, mais il a été une révolte spirituelle contre de vieilles idéologies qui corrompaient les principes sacrés de la religion, de la patrie et de la famille. Le*

*fascisme a donc été une manifestation directe de peuple* ». (*Un message au public anglais*, 5 janvier 1924, dans *Messages et Proclamations*, Milan, Librairie d'Italie, 1929, p. 107).

### 3. Conception positive de la vie comme lutte

4). « *La lutte est à l'origine de toutes choses, car la vie est toute pleine de contrastes : il y a l'amour et la haine, le blanc et le noir, le jour et la nuit, le bien et le mal, et tant que ces contrastes ne trouveront pas leur équilibre, la lutte sera toujours au fond de la nature humaine comme une suprême fatalité.*

« *Du reste, il est bon qu'il en soit ainsi. Aujourd'hui, nous pouvons avoir la guerre, la lutte économique, la lutte des idées, mais le jour où il n'y aurait plus de lutte serait un jour de mélancolie, de fin, de ruine. Or, ce jour-là ne viendra pas, précisément parce que l'histoire se présente toujours comme un panorama changeant. Si l'on prétendait revenir au calme, à la paix, à la tranquillité, on combattrait les tendances de la période dynamique actuelle. Il faut se préparer à d'autres surprises, à d'autres luttes. Il n'y aura pas de période de paix, tant que les peuples ne s'abandonneront pas à un rêve chrétien de fraternité universelle et qu'ils ne pourront se tendre la main au delà des océans et des montagnes. Pour mon compte personnel, je ne crois pas trop à ces idéalités, mais je ne les exclus pas, car je n'exclus rien* ». (*Discours au Politeama Rossetti de Trieste*, 20 septembre 1920 ; dans *Scritti e Discorsi*, vol. II : *La Rivoluzione fascista*, Milan, Hoepli, 1934 p. 95).

5). « *J'entends l'honneur des nations dans la contribution qu'elles ont fournie à la culture de l'humanité* ». (*E. Ludwig, Entretiens avec Mussolini*, Milan, Mondadori, 1932, p. 199).

## 4. Conception éthique

6). *« J'ai appelé au contraire cette organisation : « Faisceaux italiens de combat ». Dans ce mot dur et métallique, il y avait tout le programme du fascisme, tel que je le rêvais, tel que je le voulais et tel que je l'ai fait !*

*« Camarades, voilà quel est encore notre programme : combattre.*

*« Pour nous fascistes, la vie est un combat continuel et incessant, que nous acceptons avec une grande désinvolture, avec un grand courage, avec l'intrépidité nécessaire ».* (À Rome : *Pour le VII<sup>e</sup> anniversaire de la fondation des Faisceaux*, 28 mars 1926 ; dans *Scritti e Discorsi dal 1925 al 1926*, Milan, Hoepli, 1934, p. 297).

*« Nous voici de nouveau à l'essence même de la philosophie fasciste. Quand un philosophe finlandais me pria récemment de lui donner, en une phrase, le sens du fascisme, j'écrivis en allemand : « Nous sommes contre la vie commode ! »* (E. Ludwig : *Entretiens avec Mussolini*, Milan, Mondadori, 1932, p. 190).

## 5. Conception religieuse

7). *« Si le fascisme n'était pas une foi, comment donnerait-il le stoïcisme et le courage à ses adeptes ? Seule une foi qui a atteint l'élévation d'une religion peut suggérer les mots sortis des lèvres maintenant exsangues de Federico Florio ».* (*Liens du sang*, dans le *Popolo d'Italia* du 19 janvier 1922 ; et dans *Scritti e Discorsi*, vol. II : *La Rivoluzione fascista*, Milan, Hoepli, 1934, p. 231).

## 6. Conception éthique et réaliste

8). « *La tradition est certainement une des plus grandes forces spirituelles des peuples, en tant qu'elle est une création successive et constante de leur âme* ». (*Breve preludio*, dans *Gerarchia*, a. I, 1922, n° I ; et dans *Tempi della rivoluzione fascista*, Milan, Alpes, 1930, p. 13).

9). « *Notre tempérament nous porte à envisager l'aspect concret des problèmes et non leurs sublimations idéologiques et mystiques. Et c'est pourquoi nous retrouvons facilement l'équilibre* ». (*Aspects du drame*, dans le *Popolo d'Italia* du 31 octobre 1917 ; et dans *Scritti e Discorsi*, vol. I : *Dall'Intervento al Fascismo*, Milan, Hoepli, 1934, p. 271).

« *Notre bataille est plus ingrate, mais elle est plus belle parce qu'elle nous oblige à ne compter que sur nos forces. Nous avons mis en pièces toutes les vérités révélées, nous avons craché sur tous les dogmes, nous avons rejeté tous les paradis, nous avons bafoué tous les charlatans — blancs, rouges, noirs — qui introduisent dans le commerce les drogues miraculeuses qui donneront « le bonheur » au genre humain. Nous ne croyons ni aux programmes, ni aux plans, ni aux saints, ni aux apôtres, et surtout nous ne croyons pas au bonheur, au salut et à la terre promise.*

« *Nous ne croyons pas à une solution unique, qu'elle soit économique, politique ou morale, à une solution linéaire des problèmes de la vie, parce que — ô illustres chantres de toutes les sacristies, — la vie n'est pas linéaire et vous ne la réduirez jamais à un segment circonscrit par des besoins primordiaux* ». (*Il faut naviguer*, dans le *Popolo d'Italia*, 1ᵉʳ janvier 1922, et dans *Diuturna*, p. 223).

10). « *Nous, nous ne sommes pas, et nous ne voulons pas être des momies perpétuellement immobiles, le visage toujours tourné vers le même horizon, nous ne voulons pas non plus nous renfermer dans les étroites limites de la bigoterie subversive, où l'on rabâche mécaniquement des formules pareilles aux prières des religions professées ; mais nous sommes des hommes, et des hommes vivants, qui veulent apporter leur contribution, si modeste soit-elle, à la création de l'histoire* ». (*Audace*, dans le *Popolo d'Italia*, 15 novembre 1914, et dans *Scritti e Discorsi*, vol. I : *Dall'intervento al Fascismo*, Milan, Hoepli, 1934, p. 7).

« *Nous utilisons des valeurs morales et traditionnelles, que le socialisme néglige et méprise ; mais avant tout, l'esprit fasciste a horreur de tout ce qui est hypothèque arbitraire sur le mystérieux avenir* ». (Après deux ans, dans le *Popolo d'Italia*, 23 mars 1921, et dans *Scritti e Discorsi*, vol. II : *La Rivoluzione fascista*, Milan, Hoepli, 1934, p. 151).

« *En présence des mots et des idées de conservation et de rénovation, de tradition et de progrès, qui se formulent de droite et de gauche, nous ne nous cramponnons pas désespérément au passé, comme à une dernière planche de salut, et nous ne nous lançons pas non plus à corps perdu dans les mirages séduisants de l'avenir* ». (*Breve preludio*, id ., p. 235).

« *La négation, l'immobilité éternelle, c'est la damnation. Je suis pour le mouvement. Je suis un marcheur* ». (E. Ludwig, *Entretiens avec Mussolini*, p. 204).

## *7. Anti-individualisme et Liberté*

11). « *Nous sommes les premiers à avoir affirmé en présence de l'individualisme démo-libéral, que l'individu n'existe qu'en tant qu'il est dans l'État, et que, au fur et à mesure que la civilisation prend des formes plus complexes, la liberté de l'individu se restreint toujours plus ».* (*Au grand rapport du fascisme*, 14 septembre 1929, dans *Scritti e Discorsi*, vol. VII, Milan, Hoepli, 1934, p. 127).

*« Le sens de l'État grandit dans la conscience des Italiens, qui sentent que l'État seul est la garantie indispensable de leur unité et de leur indépendance ; que l'État seul représente la continuité dans l'avenir de leur race et de l'histoire ».* (*Message du VII$^e$ anniversaire*, 25 octobre 1929, *id.*, p. 151).

*« Si au cours des 80 années qui se sont écoulées, nous avons réalisé des progrès aussi imposants, vous pensez et vous pouvez supposer et prévoir que, dans 50 ou 80 ans, le chemin parcouru par l'Italie, par cette Italie que nous sentons si puissante, si pleine de sève, sera vraiment grandiose, surtout si la concorde subsiste entre tous les citoyens, si l'État continue à être l'arbitre dans les différends politiques et sociaux, si tout est dans l'État et rien en dehors de l'État, car, aujourd'hui, on ne conçoit pas un individu en dehors de l'État, sinon l'individu sauvage qui ne peut revendiquer que la solitude et le sable du désert ».* (Disc. au Sénat du 12 mai 1928 : dans *Scritti e Discorsi*, vol. VI, Milan, Hoepli, 1934, p. 167).

*« Le fascisme a rendu à l'État son activité souveraine. Il a revendiqué, contre tous les particularismes de classe et de catégorie, la valeur éthique de l'État ; il a rendu au Gouvernement de l'État, réduit au rôle d'instrument exécutif de l'assemblée élue, sa dignité de représentant de la personnalité de l'État et la plénitude de son pouvoir de commandement ; il a soustrait l'ad-*

*ministration aux pressions de toutes les factions et de tous les intérêts* ». (*Au Conseil d'État*, 22 décembre 1928, *id.*, p. 291).

12). « *Qu'on ne pense pas à nier le caractère moral de l'État fasciste, car j'aurais honte de parler de cette tribune, si je ne sentais pas que je représente la force morale et spirituelle de l'État. Que serait l'État s'il n'avait pas son esprit, sa morale, ce qui donne de la force à ses lois, et grâce à quoi il réussit à se faire obéir par les citoyens ?*

« *... L'État fasciste revendique pleinement son caractère éthique : il est catholique, mais avant tout il est fasciste, exclusivement, essentiellement fasciste.*

« *Le catholicisme en fait partie intégrante et nous le déclarons ouvertement, mais que personne ne pense à brouiller les cartes par des subtilités philosophiques ou métaphysiques* ». (Disc. à la Chambre des Députés, 14 mai 1929. *Les accords du Latran*. Rome, Libreria del Littorio, 1929. V. également : *Scritti e Discorsi*, vol. VII, Milan, Hoepli, 1934, p. 31).

« *... un État qui est conscient de sa mission et qui représente un peuple en marche, un État qui transforme continuellement ce peuple, même dans son aspect physique. L'État doit dire de grandes choses à ce peuple, agiter de grandes idées et de grands problèmes et ne pas faire seulement de l'administration ordinaire* ». (*id.*).

13). « *Le concept de liberté n'est pas absolu car, dans la vie, il n'y a rien d'absolu. La liberté n'est pas un droit, mais un devoir. Ce n'est pas un cadeau : c'est une conquête ; ce n'est pas une égalité, c'est un privilège. Le concept de liberté change suivant le moment. Il y a une liberté en temps de paix, qui n'est plus la liberté en temps de guerre. Il y a une liberté en temps de richesse, qui ne peut être accordée en temps de misère* ». (V^e anniversaire de la fondation des Faisceaux, 24 mars 1924 ; dans *Scritti e Discorsi*, vol. IV : *Il 1924*, Milan, Hoepli, 1934, p. 63).

« *Dans notre État, la liberté ne manque pas à l'individu. Il la possède plus que l'homme isolé : puisque l'État le protège, il est une partie de l'État. L'homme isolé reste sans défense* ». (*E. Ludwig, Entretiens avec Mussolini*, p. 129).

14). « *Aujourd'hui, nous annonçons au monde entier la création du puissant État unitaire italien, des Alpes à la Sicile, et cet État s'exprime en une démocratie centralisée, unitaire, dans laquelle le peuple circule à l'aise. En effet, Messieurs, ou vous introduisez le peuple dans la citadelle de l'État et il la défendra, ou il restera dehors et il l'attaquera* ». (À la Chambre des Députés, 26 mai 1927, dans *Scritti e Discorsi*, vol. VI, Milan, Hoepli, 1934, p, 37).

« *Dans le régime fasciste, l'unité de toutes les classes, l'unité politique, sociale et morale du peuple italien se réalise dans l'État et dans l'État fasciste seulement* ». (À la Chambre des Députés, 9 décembre 1928 ; *id.*, p. 277).

## 8. *Antisocialisme et corporatisme*

15). « *Nous avons créé l'État unitaire italien. Pensez que, depuis l'empire romain, l'Italie n'avait plus été un État unitaire. Ici, nous affirmons à nouveau et solennellement notre doctrine de l'État. Ici, j'affirme à nouveau et non moins énergiquement la formule de mon discours à la Scala de Milan* : « Tout dans l'État, rien contre l'État, rien en dehors de l'État ». (À la Chambre des Députés, 26 mai 1927 ; *id.*, p. 37).

16). « *Nous sommes donc dans un État qui contrôle toutes les forces agissant au sein de la Nation. Nous contrôlons les forces morales, nous contrôlons les forces économiques, nous sommes par conséquent en plein État corporatif fasciste...*

« *Nous représentons un principe nouveau dans le monde, nous représentons l'antithèse nette, catégorique, définitive de la démocratie, de la ploutocratie, de la maçonnerie, en un mot, de tout le monde des immortels principes de 1789* ». (*Pour l'installation du nouveau Directoire national du Parti*, 7 avril 1926 ; dans *Scritti e Discorsi*, vol. V, Milan, Hoepli, 1934, p. 307).

« *Le Ministère des Corporations n'est pas un organe bureaucratique, il n'entend pas non plus se substituer aux organisations syndicales dans leur action nécessairement autonome, visant à encadrer, à sélectionner et à rendre meilleurs leurs adhérents. Le Ministère des Corporations est l'organe grâce auquel, tant au centre qu'à la périphérie, se réalise la corporation intégrale et s'établit l'équilibre entre les intérêts et les forces du monde économique. Cette réalisation est possible sur le terrain de l'État car, seul, l'État s'élève au-dessus des intérêts opposés des individus et des groupes pour les coordonner vers une fin supérieure, et elle est facilitée du fait que toutes les organisations économiques reconnues, garanties et protégées dans l'État corporatif, vivent dans l'orbite commune du fascisme : c'est-à-dire acceptent la conception doctrinale et pratique du fascisme* ». (*À l'inauguration du Ministère des Corporations*, 31 juillet 1926 ; *id.*, p. 371).

« *Nous avons constitué l'État corporatif et fasciste, l'État de la société nationale, l'État qui concentre, contrôle, harmonise et modère en même temps les intérêts de toutes les classes sociales, qui se voient également protégées. Et, tandis qu'auparavant, durant les années du régime démo-libéral, les masses ouvrières qui regardaient l'État avec méfiance étaient en dehors de l'État, étaient contre l'État, considéraient l'État comme un ennemi de chaque jour et de chaque heure, aujourd'hui, il n'y a pas un Italien qui travaille, qui ne cherche sa place dans les corporations, dans les fédérations, qui ne veuille être une molécule vivante de ce grand et immense organisme vivant qu'est l'État national corporatif fasciste ».* (*Pour le VI<sup>e</sup> anniversaire de la Marche*, du balcon du Palais Chigi, 28 octobre 1926 ; même vol., p. 447).

### *9. Démocratie et Nation*

17). « *La guerre a été « révolutionnaire » en ce sens qu'elle a liquidé — dans des fleuves de sang — le siècle de la démocratie, le siècle du nombre, de la majorité, de la quantité* » (*Da che parte va il mondo*, dans *Gerarchia*, 1922 et dans *Scritti e Discorsi*, vol. II, Milan, Hoepli, 1934, p. 257).

18). *Cfr.* ci-dessus, note 13.

19). « *Race : c'est un sentiment, et non une réalité : 95% de sentiment* ». (*Ludwig, Entretiens avec Mussolini*, p. 75).

### *10. Conception de l'État*

20). « *Une nation existe en tant qu'elle est un peuple. Un peuple s'élève quand il est nombreux, laborieux, organisé. La puissance est la résultante de ce trinôme fondamental* ». (À l'Assemblée générale du Régime, 10 mars 1929 ; dans *Scritti e Discorsi*, vol. VII, p. II).

« *Le fascisme ne nie pas l'État ; il affirme qu'une société civique nationale ou impériale ne peut être conçue que sous la forme de l'État* ». (*État, anti-État, Fascisme*, dans *Gerarchia*, 25 juin 1922 et dans *Scritti e Discorsi*, vol. II, p. 291.).

« *Pour nous, la Nation est surtout esprit et non pas seulement territoire. Il y a des États qui ont eu d'immenses territoires et qui n'ont laissé aucune trace dans l'histoire de l'humanité. Ce n'est pas seulement le nombre, car il y a eu, dans l'histoire, des États très petits, microscopiques, qui ont laissé des documents importants, impérissables dans l'art et dans la philosophie.*

« *La grandeur de la Nation est un ensemble de toutes ces énergies, de toutes ces conditions. Une nation est grande lorsqu'elle traduit dans la réalité la force de son esprit* ». (Discours de Naples, 24 octobre 1922 ; *id.*, p. 339).

« *Nous voulons unifier la nation dans l'État souverain, qui est au-dessus de tous et peut-être contre tous, parce qu'il représente la continuité morale de la nation dans l'histoire. Sans l'État, la nation n'existe pas ; il n'y a que des agrégats humains, susceptibles de toutes les désintégrations que l'histoire peut leur infliger* ». (Au Conseil national du Parti fasciste, 7 août 1924, *Scritti e Discorsi*, vol. IV, p. 235).

### 11. *Un État éthique*

21). « *Je crois que les peuples... s'ils veulent vivre, doivent déployer une certaine volonté de puissance ; autrement, ils végètent, vivotent et seront la proie d'un peuple plus fort qui aura développé davantage en lui-même cette volonté de puissance* ». (Discours au Sénat, 28 mai 1926).

22). « *C'est le fascisme qui a reformé le caractère des Italiens, en éliminant de nos âmes toute scorie impure, en le trempant par tous les sacrifices, et en donnant ainsi au visage italien son véritable aspect de force et de beauté* ». (*Discours de Pise*, 25 mai 1926 ; dans *Scritti e Discorsi*, col. V, p. 345).

« *Il n'est pas hors de propos d'illustrer le caractère intrinsèque, la signification profonde de la levée fasciste. Il ne s'agit pas seulement d'une cérémonie, mais d'un moment très important dans le système d'éducation et de préparation totalitaire et intégrale de l'homme italien, que la Révolution fasciste considère comme une des tâches fondamentales de l'État. Si l'État ne remplit pas cette tâche ou consent, de quelque façon que ce soit, à la discuter, il met purement et simplement en jeu son droit à l'existence* ». (À la Chambre des Députés, 28 mai 1928).

- the-savoisien.com
- pdfarchive.info
- vivaeuropa.info
- freepdf.info
- aryanalibris.com
- aldebaranvideo.tv
- histoireebook.com
- balderexlibris.com

www.ingramcontent.com/pod-product-compliance
Lightning Source LLC
LaVergne TN
LVHW041544060526
838200LV00037B/1132